GESCHLOSSEN

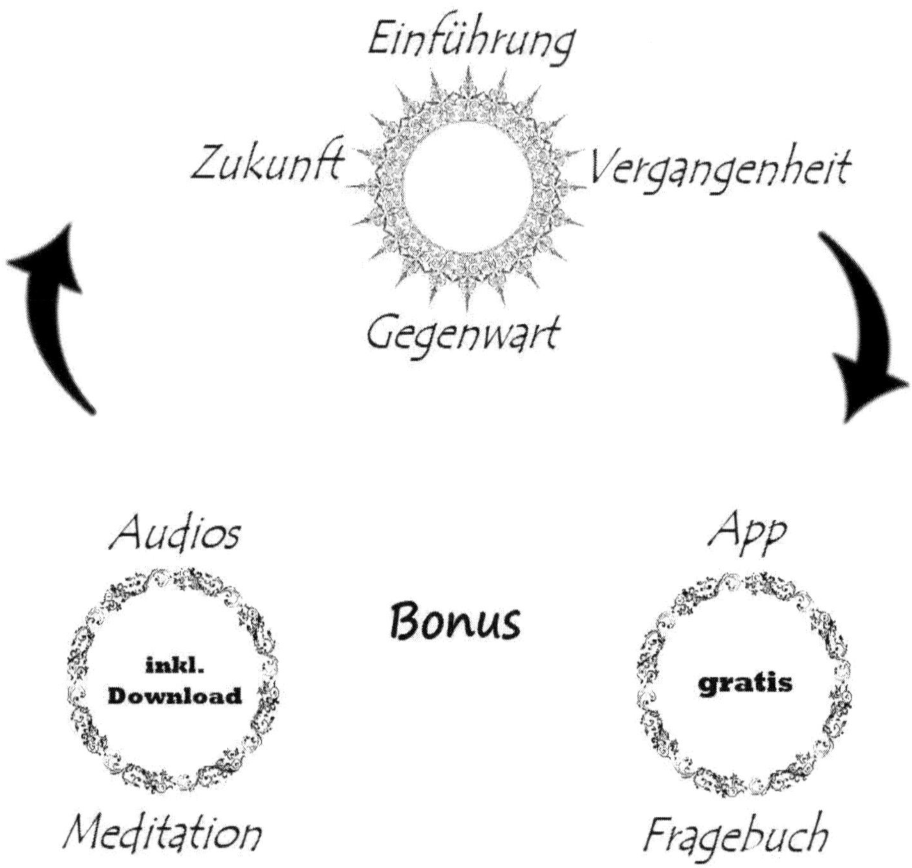

Es wird alles immer gleich ein wenig anders,

wenn man es ausspricht.

(Hermann Hesse)

Geheimnis des Schreibens

Die ersten Male können überraschend schwierig werden, vor allem, wenn die Hand sich weigert, weiterzuschreiben. Du hast das Gefühl, als wenn dich jemand davon abhält. Dabei hast du irgendwann selbst deine eigene Macht an einen Teil von dir abgegeben, an eine Art Schutzmechanismus.

Schmerzhafte Erinnerungen hat niemand gerne und diese liegen meistens als gestapelte Leichen im Keller der Emotionen herum! Aber das Geniale daran ist, je größer der Widerstand, desto näher bist du am Kern! Du musst nicht viel suchen, sondern dich nur beobachten. Wann bist du irritiert, wann beginnst du dich abzulenken, wann greifst du nach dem Smartphone?

Das unendliche **Sharen und Posten im Internet** wächst uns bald über den Kopf. Klar, es macht Spaß und versteh mich bitte nicht falsch. Das Internet ist die Zukunft und ich bin selbst im Internet unterwegs! Aber wenn wir nicht für ein Gleichgewicht sorgen, zahlen wir mit **Sicherheit** einen hohen Preis.

Schreiben ist so wirksam, weil deine Hand nicht lügt. Worte sind unglaublich kraftvoll, vor allem die eigenen! Du wirst innere Schätze freilegen und eine Goldader nach der anderen aufspüren. Gedanken als Wegweiser ungeschminkt auf Papier zu bringen, wird dir helfen, loszulassen und mit Themen abzuschließen.

Du brauchst dich beim Schreiben weder beeilen noch sollst du etwas richtig machen. Du musst auch nicht mit dem Buch am Anfang beginnen, lass dein Bauch entscheiden, wenn du möchtest. Jeder Schreibreflex ist ein Erfolg, jedes Wort ist willkommen!

Du darfst kritzeln, fluchen, unvollständige Sätze oder Wörter aufschreiben oder nur Blümchen malen. Du darfst böse und lieb sein, du darfst hassen, kotzen und dich versöhnen, du darfst alles, was du dir fälschlicherweise verboten hast und sich zeigen möchte.

Dieses Geheimbuch wird dein Rückzugsort, in dem du ohne Gegenüber deine Gedanken loswerden kannst. Du wirst hier mit unterschiedlichen Gefühlen konfrontiert und dich auf dem Papier schwarz auf weiß sehen können. Gedanken und Gefühle bekommen eine neue Sprache mit dir als Hauptakteur.

Was ich daran so faszinierend finde, ist, dass dein Text andauernd was Neues erzählt, obwohl er immer der gleiche bleibt. Vor allem die Wechselbriefe im Buch sind zeitlos!

Was passiert mit deinem Buch danach?

VERSTAUE ODER VERGRABE ES FÜR EINE LANGE ZEIT, WENN DU IRGENDWANN **ZURÜCKSCHAUEN** MÖCHTEST!

ODER

VERBRENNE UND VERWANDLE ES IN ASCHE, WENN **SCHMERZEN** DEIN LEBEN BESTIMMEN!

Du wirst erwartet!

Der Schritt zu dir...

Privatsphäre bedeutet nicht, sich zu verstecken. Du lebst dadurch deine Freiheit ohne äußere **Blicke**. Social Media bietet die perfekte Illusion für einen globalen Freundeskreis. Sobald jedoch das Internet unterbrochen ist, steht die Realität vor der Tür. Deine Privatsphäre ist deine einzige Freiheit, sie gehört nur dir. Wie heißt es so schön, wer sich nicht bewegt, spürt seine Fesseln nicht.

Fragen, welche dir etwas mitteilen möchten...

Fragen, die nicht sofort und vollständig beantwortet werden müssen. Fragen, die mit der Zeit emotional begriffen werden und als Scheinwerfer durch den Ozean des Lebens dienen. Diese Fragen und unser Gewissen spuken nicht zufällig in uns herum. Sie lösen Illusionen auf und zeigen den wahren Wert jeder Situation. Du solltest dich ihnen ehrlich und aufrichtig stellen, sie wollen nur helfen.

Du wirst sehen, es ist nicht immer einfach, aber so musst du die Lösung nicht lange suchen. Sie findet dich im Augenblick! Du wirst in dir Antworten finden, die sich der Wahrheit unterwerfen. Sie können nicht anders, außer sich dir mitzuteilen.

Die Gefühle, mit denen du konfrontiert wirst, können dich irritieren oder sammeln, sie können dir die Dinge greifbarer machen, nachdem du zerstreut warst. Am Ende hast du mehr Klarheit in deiner Welt der Gefühle und Gedanken. Du spürst dich intensiver, weil du einen Teil von dir zurückgewinnst. Du kannst dich verlieren oder wiederfinden, hier hast du immer einen Halt!

Dich erwarten tiefe Fragen und Wechselbriefe an verschiedene Zeiten, die dir dein Leben als ein einziges Bild zeigen.

Wenn du es zulässt!

Auf der nächsten Seite möchte ich dir vorführen, wie Emotionen gezielt ausgelöst werden können. Wenn du dich dafür öffnest, kommt dir vielleicht einiges bekannt vor...

Spieglein Spieglein...

Der Blick in den Spiegel ist oftmals mit Selbstzweifeln verbunden. Du siehst vor allem die negativen Aspekte an dir und lebst mit einem unangenehmen Selbstbild. Alle Fehler und Schwächen, alle Niederlagen und Rückschritte werden dir aufgezeigt und du möchtest den Blick am liebsten abwenden.

Du empfindest Schuld, weil du deine Pläne nicht einhalten konntest und bist erschöpft aufgrund der erfolglosen Anstrengungen. Im schlimmsten Fall können sogar starke Gefühle wie Selbsthass entstehen.

Der Spiegel ist wie dein größter Kritiker und verhöhnt dich wegen deines Versagens. Er scheint tief in dich hineinblicken zu können. Er sieht sofort, wie du versuchst, Tatsachen zu leugnen und diese nicht akzeptieren kannst. Er sieht auch das Innere in dir, wie es...

Alle Reaktionen, die beim Lesen entstehen, sind sehr erkenntnisreich, aber wir reagieren meistens mit ***Wegschauen****...*

Der Weg der Wahrheit…

Du darfst dich anschwindeln oder dir etwas vormachen, aber mit der Absicht, es zu ändern. Es kann sogar lebensnotwendig gewesen sein, in die Welt der Illusionen geflüchtet zu sein, vor allem bei traumatisierten Menschen. Wenn du aber Illusion und Realität nicht mehr trennen kannst, ist das schädlich.

Du siehst also, es geht hier um das Verhältnis, die Mischung macht das Gift! Lass dich von der Wahrheit enttäuschen, dann kannst du nicht mehr getäuscht werden.

Nochmal, es ist nicht schlimm, sich manchmal etwas vorzumachen, sondern nichts zu **hinterfragen**! Du bist nicht schlecht, du lügst nicht, sondern du verbirgst irgendetwas, dessen Grund du vielleicht aus den Augen verloren hast. Wir machen das alle. Das Warum, Wieso oder Wofür ist das Wichtige!

Mit diesem Bewusstsein wirst du die Fragen ganz anders angehen. Finde heraus, was wirklich dahintersteckt, finde die Antworten in dir! Bei mir war es nicht anders!

Wenn du ehrlich bist, wirst du nichts verlieren,

außer Illusionen.

Mut zur Freiheit

Im Leben gehen wir viele Verträge ein. Jede Annahme oder Einwilligung sitzt tief im Unterbewusstsein, man kann sich nicht vorstellen, welche Macht das auf uns hat. Sie können einen in Ketten legen und klein halten!

Löse dich von **falschen Verträgen** und mach dich bereit für deine **Freiheit**, in der du die Hauptrolle spielst.

Aussagen, zum Verinnerlichen:

- Ich werde mich unerbittlich und ehrlich meiner inneren Wahrheit stellen und den Fragen die höchste Stellung in meinem Leben widmen!
- Ich habe den Mut und eisernen Willen, in meine Gefühlswelt einzutreten und alle gefürchteten Bereiche zu fühlen und falsche Annahmen zu lösen!
- Trotz scheinbar einsamen Kampfs werde ich niemals aufgeben, mein aktuelles und vergangenes Leben mithilfe der Fragen zu durchleuchten!
- Fragen, die mich an meine emotionalen Grenzen bringen, werde ich tapfer entgegentreten, um mein inneres Königreich wieder zurückzuerobern!
- Innere Stimmen werden verzweifelt Streitgespräche führen und mich anflehen, bestimmte Fragen zu ignorieren, **NEIN, NIEMALS!**

*Jetzt möchte ich dich darum bitten, das **schriftlich** festzuhalten. Auf diese Weise sitzen diese Gedanken tief im Meer deiner Seele wie ein **Anker**!*

Neues Leben!

Ich gelobe feierlich, mich in den Dienst meines Lebens zu stellen und dass ich mit meiner ganzen Kraft und meinem Geist die mir gestellten Fragen, mit der gewissenhaftesten Aufmerksamkeit und Verantwortung wahrhaftig beantworte und der Furcht oder Ignoranz kein Gehör schenke.

Ich gelobe weiter, dass die Wahrheit und nichts als die Wahrheit Richter über meine Aussagen ist und selbst bei unangenehmen Gefühlen nichts verschwiegen bleibt.

Ich verpflichte mich und versichere hiermit, dass kein Ort in meinem Leben unbeleuchtet bleibt und alle meine Emotionen gleichberechtigt und ohne Vorurteile aufgeschrieben werden. Und ich schwöre, dass mein inneres Ich mir uneingeschränkt alles mitteilen darf, während ich mich mit voller Anteilnahme ihm zuwende.

Dafür stehe ich mit meinem Leben!

______________ ______________________

Datum **Unterschrift**

Es geht los!

Leb dein Leben, nicht das der anderen. Geh deinen Weg und schmeiß deine Maske in den Mülleimer!

Ratschläge vom Herzen

Bevor du mit dem Schreiben beginnst…

- denk nicht viel nach.
- halte an das Gute fest.
- befreunde dich mit allen Seiten von dir.
- lasse dir Zeit, wenn es schwer wird.
- sei gut zu dir und vertraue dir.

Vergangenheit

Die Vergangenheit ist unser Ursprung, aus ihr heraus leben wir. Man hat schöne und schlechte Erinnerungen, die Verleumdung letzteres ist die Verleumdung gegen uns selbst.

Denn deine Vergangenheit bist du und ist wichtig, sie möchte erinnert, verstanden und manchmal auch befreit werden. Du kannst und musst sie nicht ändern, sondern aus ihr herauswachsen. Trotz, Wut und Scham versperren einen oft den Weg zu ihr und man versucht, in die Zukunft zu flüchten.

Navigiere durch deine Emotionen, du musst nicht sofort alles verstehen. Türen werden sich schon zur richtigen Zeit öffnen!

Meine ersten Erinnerungen:

....

....

....

....

....

....

Meine Kindheitsträume:

....

....

....

....

....

....

Was ich sehr vermisse:

....

....

....

....

....

Ich als Kind in einem Wort:

....

....

Was war meine Lieblingsfarbe:

....

....

Welche Farbe hat meine Kindheit:

....

....

Welches Bild hing an meiner Wand:

....

....

Eine Bekanntschaft, die ich nicht vergessen kann:

....

....

....

Mein Held:

....

....

Unsterbliche, erste Male

Die ersten Male sind zeitlos. Zweifelsohne denken wir unser Leben lang an sie. Das erste Mal erzeugte eine hohe Erwartungshaltung und verstärkte unsere Anspannung, aber auch unbewusste Ängste.

Der Wunsch, sich immer wieder zurückzuerinnern, liegt vielleicht daran, dass wir uns nach Unvergesslichem sehnen. Wie bei Kindern, die ihre Lieblingsgeschichten immer und immer wieder anhören möchten.

Das ist wunderschön und kann auch eine Stütze für dich sein. Aber vergiss nicht, du wirst jeden Tag neu geboren und hast noch viele erste Male vor dir.

Dein erster Freund, dein erstes Lied, du kannst dich sicher noch genau daran erinnern…

Freundin oder Freund:

....

....

Liebe:

....

....

Musik:

....

....

Urlaub:

....

....

Arbeit:

....

....

Schlitten:

....

....

....

Auto:

....

....

Musik-Veranstaltung:

....

....

Schule:

....

....

Kuss:

....

....

Alkohol:

....

....

Lehrerin oder Lehrer:

....

....

....

Mein inneres Kind…

Als Kind liebte ich diese Songs:

……………………………………………………………………………………

……………………………………………………………………………………

Das erste Mal, als ich mir was gekauft habe:

……………………………………………………………………………………

……………………………………………………………………………………

Ab welchem Alter war ich kein Kind mehr:

……………………………………………………………………………………

……………………………………………………………………………………

Der Mensch, der mich geprägt hat:

……………………………………………………………………………………

……………………………………………………………………………………

Der Mensch, der mir am meisten Liebe gegeben hat:

……………………………………………………………………………………

……………………………………………………………………………………

Geliebt habe ich am meisten…:

……………………………………………………………………………………

……………………………………………………………………………………

Das war nicht einfach in meiner Kindheit:

....

....

Das hätte ich gerne anders gemacht:

....

....

Mein Lied, es begleitet mich noch heute:

....

....

Als Kind sammelte ich immer…:

....

....

Aus der Schulzeit erinnere ich mich noch gut an Herrn…:

....

....

Aus der Schulzeit erinnere ich mich noch gut an Frau…:

....

....

....

Meine Mutter und mein Vater waren zu mir sehr...:

....

....

....

Ich habe meine Eltern ge...:

....

....

Das Haustier, welches mein erstes war:

....

....

Aus meiner Kindheit werde ich einen Freund nie vergessen:

....

....

Welches Kindheitsspielzeug würde ich gerne wiederhaben:

....

....

Das hätte ich gerne anders gemacht:

....

....

Als Kind war ich geradezu gierig danach:

....

....

Ich fühlte mich wie im Himmel, wenn ich…:

....

....

Mein Lieblingsbuch:

....

....

Größte Blödsinn, was ich je angestellt habe:

....

....

Ein Ereignis, das mein Leben für immer verändert hat:

....

....

Es gibt <u>drei</u> Sachen, die ich durchgezogen habe, das mache ich nie wieder:

1 ....

2 ....

3 ....

Das kann ich niemals verzeihen:

....

....

....

<u>Fünf</u> schöne Ereignisse in meiner Kindheit:

1 ....

2 ....

3 ....

4 ....

5 ....

Das wollte ich als Kind immer schon machen:

1 ....

2 ....

3 ....

4 ....

5 ....

Der Satz „*Ich liebe dich*“, wann war es das letzte Mal:

....

....

....

....

Ich sehne mich manchmal nach diesen Menschen:

....

....

....

Mein Herz war sehr gebrochen, als...:

....

....

....

....

Meine cleverste Entscheidung, obwohl ich ein Kind war:

....

....

....

Deswegen fühle ich mich noch immer schuldig:

....

....

....

....

....

....

Warum bin ich diesem Menschen nur begegnet:

Meine Lebensgeschichte in vier Sätzen:

Die Last, die noch heute auf meinem Rücken liegt:

Schönsten Momente

Die schönsten Momente sind die, wo dir die Welt zu Füßen liegt. Es sind die, die du nicht geplant hast.

Du bekommst ein Lächeln im Gesicht, ohne es zu merken, und dir wird kuschelig warm. Dein Herz schlägt plötzlich nicht mehr aus Gewohnheit, sondern aus Freude.

Hol sie dir wieder und halte sie in deinem Buch fest, in das Buch deines Lebens.

Top 5

Meine fünf…

nettesten Menschen:

1 ....
2 ....
3 ....
4 ....
5 ....

schönsten Erfahrungen:

1 ....
2 ....
3 ....
4 ....
5 ....

Orte oder Städte:

1 ....
2 ....
3 ....
4 ....
5 ....

Urlaube im Ausland:

1 ....

2 ....

3 ....

4 ....

5 ....

Filme:

1 ....

2 ....

3 ....

4 ....

5 ....

Bücher:

1 ....

2 ....

3 ....

4 ....

5 ....

Konzerte:

1 ....

2 ....

3 ....

4 ....

5 ....

Lieder:

1 ....

2 ....

3 ....

4 ....

5 ....

Alben:

1 ....

2 ....

3 ....

4 ....

5 ....

Musiker oder Bands:

1 ....

2 ....

3 ....

4 ....

5 ....

Es geht weiter mit meinen Besonderheiten…

In welche historische Zeit würde ich mit einer Zeitmaschine reisen? Zu den Griechen, Ägyptern oder ganz wo anders?

....

....

Menschen, die meine Idole waren:

....

....

Wenn ich könnte, würde ich ein Wochenende verbringen mit…:

....

....

....

....

Mein 10-jähriges Ich, wäre es heute stolz auf mich?

....

....

....

Vier Wörter für die letzten <u>vier</u> Jahre:

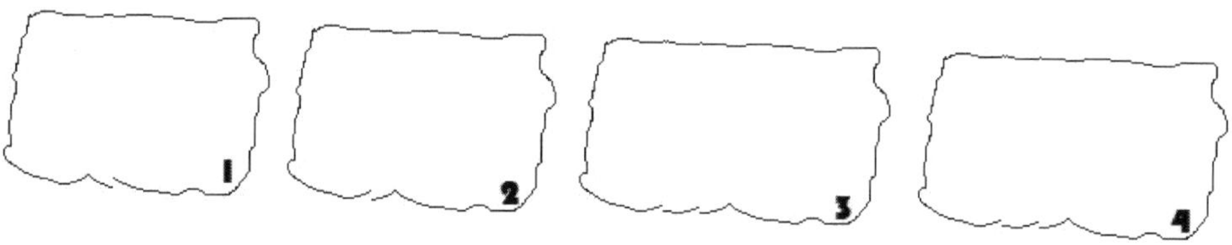

Innerhalb der letzten sechs Monate habe ich dieses Ziel erreicht:

....

....

....

Wenn diese <u>drei</u> wichtigen Ereignisse nicht wären, wäre ich nicht hier:

Mein inneres Kind, denkt immer daran, es hilft mir:

....

....

....

Das war nicht einfach für mich:

....

....

....

....

Das hätte ich genauso gemacht wie vorher:

....

....

....

Das würde ich so nicht mehr machen:

....

....

....

Hinweis: Die meisten Fragen im Buch kommen nur einmal vor. In einigen Stellen wirst du Wiederholungen feststellen, die aus einer anderen Perspektive beantwortet werden. Einige davon werden bewusst erneut gestellt, um auf vorheriges aufzubauen oder weil sie zu dem jeweiligen Abschnitt passen.

Flotte Antworten!

Markiere je nach Situation und Erfahrung was für dich zutrifft.

Los geht's...

○ habe mir die Zukunft voraussagen lassen ○ war zweimal verheiratet ○ habe beim Arzt gelogen ○ habe einen Spagat geübt ○ hatte eine Brieffreundin ○ habe zwei Abschlüsse gemacht ○ kenne einen Zaubertrick ○ habe bei der Polizei gelogen ○ habe für einen guten Zweck gearbeitet ○ habe jemanden gerettet ○ habe den Erste-Hilfe-Test gemacht ○ habe Musik gemacht ○ war auf einem Klassentreffen ○ habe schon mit einer Waffe geschossen ○ bin auf einer Bühne ausgerutscht ○ habe eine Wette verloren ○ habe jemanden hintergangen ○ habe für wenig Geld gearbeitet ○ kenne wenigstens einen super Witz ○ habe eine Flaschenpost versandt ○ habe mehrere Diäten gemacht ○ bin berggestiegen ○ habe einen romantischen Brief geschrieben ○ habe mich geschieden ○ war nett zu einem Bettler ○ war in einem Interview ○ habe einen fremden Menschen geknutscht ○ habe meinen eigenen Autoreifen gewechselt ○ habe mein eigenes Gemüse angebaut ○ habe jemanden etwas vorgespielt ○ habe in einem Kasino Geld verzockt ○ habe einen Sonnenaufgang beobachtet ○ habe mehrmals schon Karaoke gesungen ○ habe mich einer Massage erfreut ○ hatte schon öfters ein Blind Date ○ habe die Nacht durchgemacht ○ hatte Lampenfieber während einer Publikumsrede ○ habe meinen Verlauf im Internet gelöscht ○ habe ein Wettspiel gewonnen

◯ war zweimal mit der gleichen Person zusammen ◯ war Trauzeuge/Trauzeugin ◯ hatte einen Fantasiefreund ◯ habe eine Diät geplant ◯ bin vom 10-Meter-Brett gesprungen ◯ habe mit meiner Familie getanzt ◯ plane einen Bungee-Jumping ◯ habe einen Termin zur Schönheits-OP ◯ habe etwas Teures kaputt gemacht ◯ habe das erste Mal ein Gedicht verfasst ◯ habe schon Blut gespendet ◯ habe ein Patenkind ◯ habe Faust von Goethe gelesen ◯ war verheiratet ◯ habe mit jemandem Schluss gemacht ◯ habe meinen Partner ausspioniert ◯ denke an ein Testament ◯ habe eine Berühmtheit getroffen ◯ saß schon vorne beim Pilot ◯ habe jemanden sehr enttäuscht ◯ bin in einem Polizeiwagen mitgefahren ◯ habe eine Zigarette geraucht ◯ habe mich verliebt und es sehr bereut ◯ war im Wellnessbad ◯ beherrsche eine neue Sprache ◯ habe im Lotto gewonnen ◯ habe mir meine Hand gebrochen ◯ war Fallschirmspringen ◯ habe meinen Führerschein gemacht ◯ war total verliebt

Lebenserfahrung

Wir lernen alle täglich dazu. Was hast du die letzten Jahre alles gelernt. Was machst du Neues, was machst du anders und vor allem, **was lässt du lieber sein…**

1

2

3

4

Worte, die verletzen

Worte stehen nicht im leeren Raum, sondern können einen enormen Einfluss auf uns haben, positiv und auch negativ. Sie stellen eine zwischenmenschliche Brücke dar. Kinder lassen Worte ungefiltert in ihr sanftes Herz und bauen darauf auf. Je schöner die Worte, desto mehr Vertrauen und Sicherheit hat das Kind in sich und seine Umwelt.

Eltern, nahe Verwandte oder Bekannte sind uns ans Herz gewachsen, aber auch sie können hin und wieder einen Fehler begehen. Es reicht ein Augenblick und das Leben kann sich sowohl in die eine oder andere Richtung entwickeln.

*Wenn du die nächste Seite aufschlägst, könntest du dich an Ereignisse erinnern, die dich **aufwühlen**.*

Gehe die unteren Sätze in deinen Gedanken durch und versuche dich zu erinnern, ob du dir das auch schon anhören musstest. Du kannst auch alte Bilder oder Spielsachen in die Hand nehmen, so wirst du dich schnell in alte Zeiten zurückversetzen. Atme tief ein und traue dich, bestimmte Emotionen zu fühlen. Wie bei einer Brausetablette löst sich so alles auf und will dich verlassen.

Eins noch, dein Leben ist aus deinen Eltern entstanden. Versuch zu verzeihen und dich eigenmächtig aus eventuellen Konflikten zu befreien. Die Lösung liegt nicht im Angriff oder Hassen, sondern in der Zuwendung dir selbst gegenüber.

Hör auf zu heulen!

Nie räumst du auf!

Du bist selbst schuld!

Stell dich nicht so an!

Ich versteh dich nicht!

Aus dir wird nie etwas!

Das glaube ich dir nicht!

Das klappt sowieso nicht!

Du bist schuld, dass ich…!

Das interessiert mich nicht.

Ich habe Wichtigeres zu tun!

Das schaffst du sowieso nicht!

Ich will dich nicht mehr sehen!

Immer lässt du alles herumliegen!

Wie doof kann man eigentlich sein?

Das hab ich dir doch gleich gesagt!

Über sowas machst du dir Gedanken?

Du bist wie deine Mutter / dein Vater!

Lass mich das machen, du kannst das nicht!

Ich sehe es kommen: Du fällst da runter / tust dir weh!

Das Verhalten hast du von deinem Vater / deiner Mutter!

Wenn du das (nicht) machst, ist Mama / Papa / bin ich traurig!

Nimm dir ein Beispiel an deiner Schwester / deinem Bruder / usw.!

Was denkst du, was fühlst du gerade…

Geständnis

Was hast du Gutes getan, was hast du Böses getan? Hast du andere verletzt oder jemanden belogen? Warst du deinen eigenen Prinzipien untreu oder hast du dich selbst betrogen.

Zwei Sachen solltest du unbedingt erfahren. Gute und böse Absichten zu haben sind **GUT** und das Verletzen anderer Menschen ist **MEISTENS** Ausdruck für ein verletztes Ich!

Jeder von uns war mal Opfer, Täter, gut oder böse. Meinst du denn, diese Gefühle verschwinden, nur weil unser Kopf eigene moralische Regeln aufstellt? Wir haben gelernt, es mit Scham oder Ähnlichem tief in uns wegzusperren oder gar einzufrieren, weil andere es so gefordert haben. Aber eins ist sicher, es lebt solange in uns weiter, bis wir es annehmen und auflösen!

Du kommst nur bei dir an, wenn du beide Seiten erkennst, akzeptierst und sie dir gegenüberstellst. Die Aufgabe ist es, die Grenze zwischen Gut und Böse bewusst und emotional zu erkennen. Du kannst böse Anteile haben, es darf sich danach alles noch ändern.

Räume auf und du hast mehr Platz für dein Leben…

An mein Damals!

Dieser Brief ist an dich in der Vergangenheit, an die Person, die früher gelebt hat und heute von dir aus der Distanz betrachtet, bewundert oder vielleicht bemitleidet wird.

Falls du etwas klären oder deiner vergangenen Person helfen und unterstützen möchtest, nur zu. Es kann sein, dass du bestimmte Dinge jetzt anders bewertest, das könnte dir in der Vergangenheit sehr helfen. Die Gegenwart wird es dir danken!

Hallo mein vergangenes Ich,

…

Gegenwart

Wir leben in der Gegenwart, aber hängen in allen Zeiten fest. Kinder sind da anders, sie leben jeden Augenblick, bis sie gestört werden.

Sei vorsichtig, du läufst Gefahr, vergangene Schmerzen mitzuschleppen und Ängste auf die Zukunft zu übertragen. Träume werden verschoben und aktuelle Aufgaben bekommen weniger Aufmerksamkeit. Geh einen Schritt zurück und erlaube dir mehr Pausen, du hast es verdient und musst dich nicht so hetzen.

Lass los und habe Vertrauen, dann nimmt auch das Grübeln ab. Fürchte dich nicht vor der Zukunft, überlasse sie ihrem Eigentümer. Mach dein Glück von nichts abhängig, diese Vorstellung ist extrem glücksfeindlich!

Das Leben kannst du nur hier gestalten,
da, wo das Glück zu Hause ist.

Lebensrad

Erfahre, wie es aktuell um dich steht!

Das Lebensrad ist eine großartige Möglichkeit, um ein relativ objektives Bild von deiner aktuellen Situation zu bekommen. Du erhältst so eine Momentaufnahme und einen Hinweis auf dein derzeitiges Gleichgewicht im Alltag.

Unten kannst du sehen, wie einfach das geht. Du bewertest deine wichtigsten Lebensbereiche und schaust sie dir im Verhältnis an. So siehst du, wo noch Luft nach oben ist.

Wir nehmen als Beispiel zehn Bereiche, es könnten aber auch mehr sein. Dann markieren wir jede Linie durch einen Punkt und verbinden sie.

Lass uns anfangen…

Lebensbereiche, die für dich wichtig sein könnten:

1. Beruf
2. Finanzen
3. Gesundheit
4. Emotionen
5. Spiritualität
6. Freunde & Familie
7. Beziehung
8. Spaß
9. Kreativität
10. Gesellschaftlicher Beitrag

(1) Beschrifte dein Rad

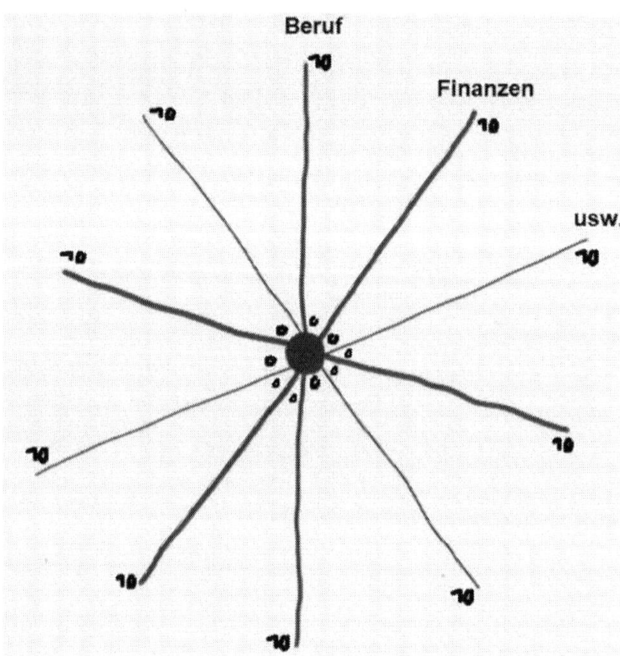

(2) Markiere deine Bereiche
(0 = sehr schlecht / 10 = sehr gut)

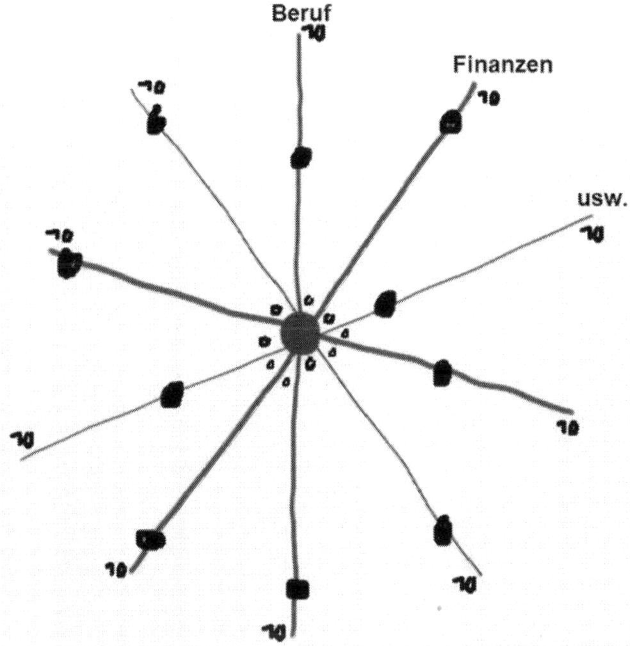

(3) Erwecke die Punkte zum Leben

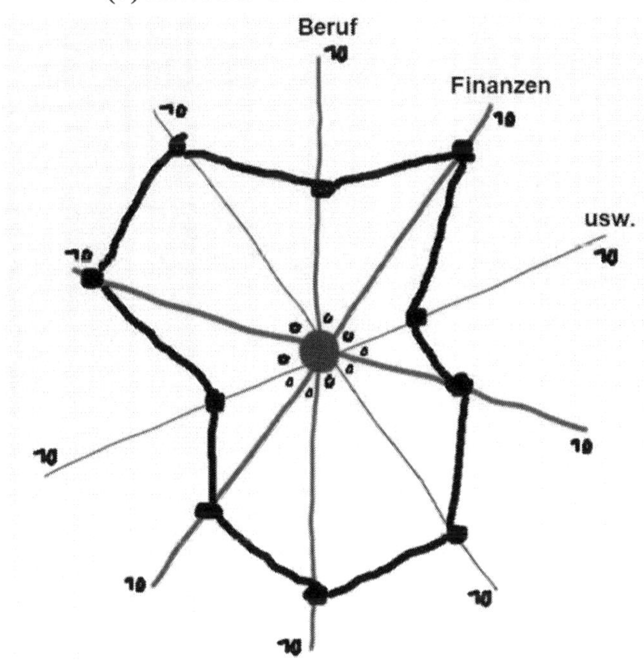

Du bist dran!

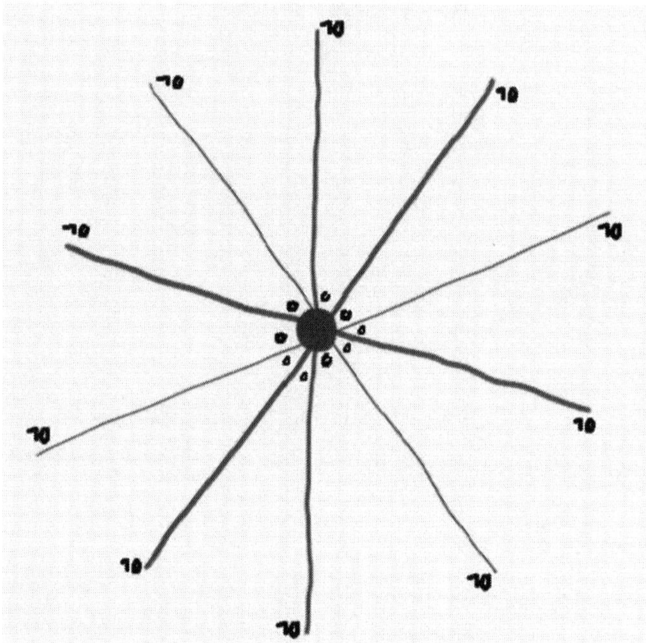

Stelle dir nach der Übung die Frage, was eventuell noch besser laufen könnte. Stehst du dir vielleicht selbst im Weg oder hast du es einfach noch nicht bemerkt.

Diese einfache Übung kannst du regelmäßig auf einem Blatt Papier durchführen. Eine geniale Möglichkeit, um weitere Lebensfragen zu finden und diese lösungsorientiert anzugehen.

Unterschätze das nicht…

Jetzt gerade in diesem Moment, was denkst du...

Mein kostbarstes Eigentum:

Was ich heute gelernt habe:

Folgendes muss ich bald loslassen:

Mit 10.000 EUR würde ich das machen:

Dieses Lied haut mich sofort um:

Wenn ich was an mir ändern sollte, dann…:

Diese zwei Sachen gehen mir richtig auf die Nerven:

1

2

<u>Vier</u> Songs, die ich regelmäßig auf meinem Player anhöre:

1 ....

2 ....

3 ....

4 ....

Mit dieser weltbekannten Person würde ich gerne sprechen:

Ein Satz, der mich gerade jetzt beschreibt:

....

....

Mit dieser Person möchte ich Frieden schließen:

Davon bin ich richtig begeistert:

Wenn ein Flaschengeist mir <u>fünf</u> Wünsche gewähren würde, dann…:

1
2
3
4
5

Mein Lebensbuch würde diesen Namen tragen:

Sie sind klein, aber diese <u>drei</u> Sachen machen mir Freude:

Dinge, die mich traurig machen:

....

....

Dinge, die mich launig machen:

....

....

....

Dinge, die mich zum Totlachen bringen:

....

....

....

Ich bin eifersüchtig auf…:

....

....

....

....

Wenn ich fliegen könnte, wäre ich jetzt gerne in…:

Wenn ich alles hören könnte, würde ich folgende Person belauschen:

Am meisten fürchte ich mich vor…:

Ziele

Große Ziele, welche ich gegenwärtig erreichen möchte…

1

2

3

Ich

Wer bin ich in <u>fünf</u> Stichpunkten:

1. ...
2. ...
3. ...
4. ...
5. ...

Wie alt fühle ich mich wirklich und vorallem warum?

Wie alt will ich werden:

Heute habe ich Lust auf eine bestimmte Mahlzeit:

Wenn ich an etwas denke, was ich noch bräuchte:

....

....

....

....

Meine obersten Ziele, die ich in <u>meinem Leben</u> habe:

....

....

....

....

Ich bin ehrlich!

Du lügst nicht, sondern hast vielleicht noch was zu sagen. Jeder Mensch hat etwas, was er nicht sehen möchte. Wie manch jemand, der einfach eine Decke über seine Unordnung in der Wohnung wirft. Selbstbetrug ist so alt wie die Menschheit!

Jeder Mensch hat die Neigung, Gutes und Schlechtes zu tun, das ist nicht falsch, sondern ein **Wunder**. Denn nur das ist die Basis für deinen freien Willen, also entscheide du, wo du hinwillst. Aber bewusst!

Das mag ich:

....

....

Das kann ich nicht leiden:

....

....

Das verachte ich:

....

....

....

....

Dafür würde ich sterben:

....

....

Das will ich:

....

....

Das benötige ich:

....

....

Das beherrsche ich:

....

....

Das beherrsche ich nicht:

....

....

Das bin ich fast immer:

....

....

....

Das bin ich niemals:

....

....

Davor fürchte ich mich:

....

....

Davor fürchte ich mich nicht:

....

....

Das kann ich sehr gut:

....

....

Das kann ich überhaupt nicht:

....

....

Davon möchte ich viel mehr:

....

....

....

Davon will ich viel weniger:

....

....

Das bin ich:

....

....

Das bin ich nicht:

....

....

Das liebe ich über alles:

....

....

Das verachte ich über alles:

....

....

Das habe ich:

....

....

....

Das habe ich nie:

Damit werde ich nie zufrieden sein:

Dieser Name könnte auch meiner sein:

Wenn ich jemanden verprügeln wollte, wäre das:

Dafür sind mir keine Kosten zu hoch:

Wenn ich magische Kräfte hätte, würde ich diese Person manipulieren:

....

....

....

....

Ein Lied, woran ich gerade denke:

....

....

....

....

Soviel Geld bräuchte ich für meine Träume:

....

....

....

....

So gerne würde ich diese historischen Personen treffen:

....

....

....

....

Ja, so bin ich halt?!

Fangen wir hiermit an, später darfst du deinen Charakter weiter beschreiben…

so	**oder**	*anders*
ängstlich	**oder**	gelassen
stur	**oder**	einsichtig
risikobereit	**oder**	vorsichtig
launisch	**oder**	ausgelassen
ganzheitlich	**oder**	detailverliebt
konkurrierend	**oder**	kooperativ
hoffnungslos	**oder**	optimistisch
geduldig	**oder**	gestresst
skeptisch	**oder**	leichtgläubig

Eins noch

Vor kurzem habe ich…

folgenden Film gesehen:

....

....

dieses Buch gelesen:

....

....

das Konzert besucht:

....

....

bei dieser Demonstration teilgenommen:

....

....

Das letzte Mal, als ich…

geweint habe:

....

....

....

Musik gehört habe:

....

....

Angst gehabt habe:

....

....

getanzt habe:

....

....

richtig böse war:

....

....

laut gelacht habe:

....

....

berauscht war:

....

....

....

Diesen Menschen werde ich verzeihen:

....

....

....

Dieses Problem werde ich versuchen, zu lösen:

....

....

....

Das würde ich gerne lernen:

....

....

....

Dieser Ort ist meine zweite Heimat:

....

....

....

So bringe ich Menschen zum Lachen:

....

....

....

Diese Person würde ich für den Frieden opfern:

....

....

Wenn ich flüchten müsste, würde ich <u>vier</u> Sachen mitnehmen:

1 2 3 4

Wenn ich nur einen Gegenstand mitnehmen dürfte, dann…:

Nur eine Chance!

Jeder von uns hat seine eigene Perspektive, Dinge wahrzunehmen. So auch bei den unteren Begriffen. Sie können mehrere Gedanken auslösen. Versuche, sie jeweils in ein Wort zusammenzufassen.

Vorher solltest du ruhig atmen und dein Herz öffnen, es geht nicht um das Richtige. Es geht um dein Gefühl und was deine Hand damit macht.

Schreib ungefiltert deine Gedanken auf, morgen könnten es auch andere sein, das ist in Ordnung so...

Mein Lebenspartner: ....

Meine Arbeit: ....

Mein Aussehen: ....

Mein Leben: ....

Meine Beziehung: ....

Mein Schutzraum: ....

Mein Inneres Kind: ....

Meine Kindheit: ....

Meine Angst: ....

Meine Abhängigkeit: ....

Meine Begeisterung: ....

Meine Empfindlichkeit: ....

Meine Reue: ....

Meine Motivation: ....

Mein Held / meine Heldin: ....

Meine Aussicht: ....

Mein Ziel: ....

Mein Erfindergeist: ....

Mein Geheimnis: ....

Meine Unvollständigkeit: ....

Meine Verantwortung: ....

Meine Stärke: ....

Meine Sünde: ....

Meine Schwäche: ....

Jetzt kannst du wieder etwas mehr zu Papier bringen…

Ich kenne jemanden, der wirklich besondere Charaktereigenschaften besitzt:

Diese vier Sprachen würde ich gerne sofort beherrschen:

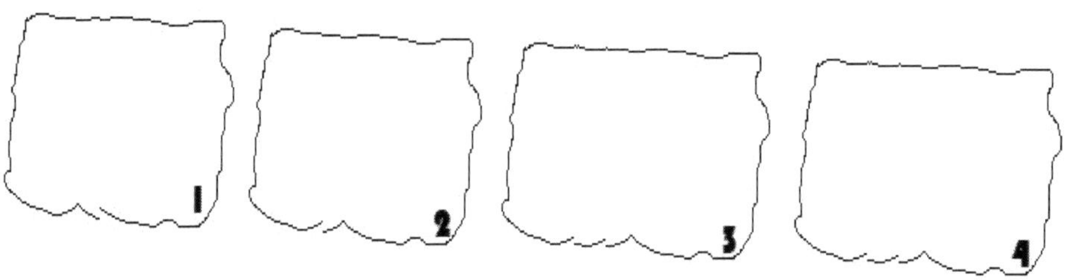

Wenn ich Tote lebendig machen könnte, wäre es diese Person:

In meinem Leben verschwende ich zu viel Energie mit…:

Diesen Personen würde ich gerne eine Faust ins Gesicht werfen:

....

....

....

....

Ich würde gerne eine Zeitreise in dieses Jahrhundert machen:

....

....

....

Darüber traue ich mich mit niemandem zu sprechen:

1 ....

2 ....

3 ....

4 ....

Meine Liebsten!

Menschen…

Orte…

Tiere…

Das finde ich total komisch:

Wenn ich magische Kräfte hätte, würde ich das verschwinden lassen:

Meine Eltern in Worte…

Mutter in <u>sechs</u> Wörter:

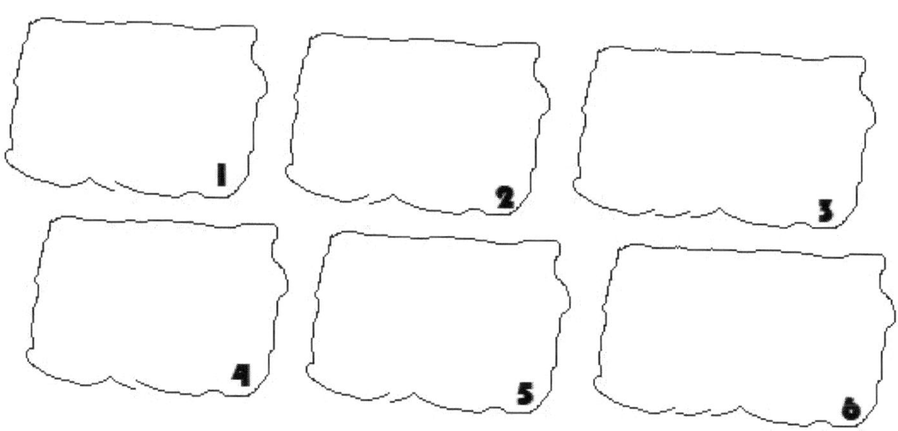

Vater in sechs Wörter:

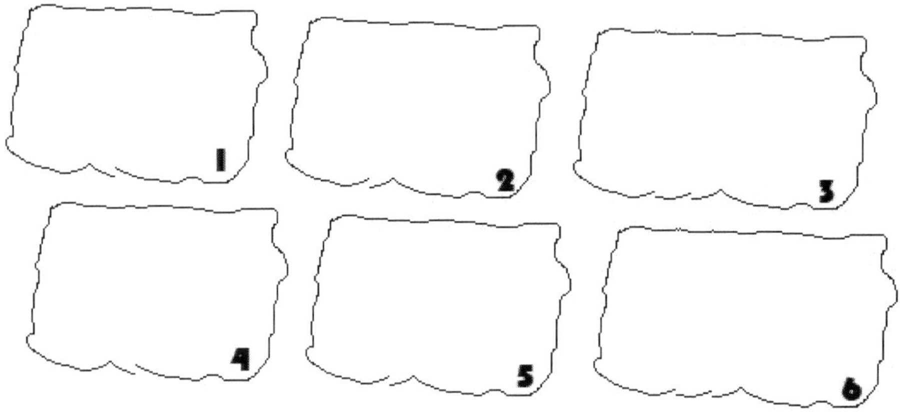

Eltern in zwei Sätzen:

Wenn ich darüber nachdenke, dann spüre ich noch immer die Leere in mir:

Wenn ich eine Million Euro hätte, die ich verschenken muss, würde ich sie dieser Person geben:

Gerade jetzt habe ich so eine Lust auf…:

....

....

....

Mein Verhältnis zu meiner Mutter:

....

....

Mein Verhältnis zu meinem Vater:

....

....

Wenn ich ein Lied über mein Leben schreiben würde, würde es so heißen:

....

....

....

Wenn ich ein Theaterstück mit meinem Leben verfassen müsste, würde der Titel so heißen:

....

....

...das wären die Schauspieler:

.... **als** ....

.... **als** ....

.... **als** ....

.... **als** ....

.... **als** ....

Musik am Anfang des Theaterstücks:

....

....

Musik, welche das ganze Theaterstück begleitet:

....

....

Musik am Ende des Theaterstücks:

....

....

Der Glaube in zwei Sätzen:

....

....

Dieses Lied würde ich vor einem Publikum singen:

....

....

Wenn ich die Möglichkeit hätte, vier Menschen zum Essen einzuladen *(egal wer)*, dann wären es…:

....

....

Meine besten Freunde aus meiner Fantasiewelt:

....

....

....

Mein Charakter!

Schade, dass wir nur nach außen blicken können. Kannst du dich auch selbst sehen, mit deinen eigenen Augen?

Dann fallen dir die Antworten sicher leicht...

- aufrichtig
- tolerant
- arrogant
- selbstsicher
- ausgeglichen
- treu
- fröhlich
- freundlich
- warmherzig
- launisch
- lösungsorientiert
- modern
- begabt
- großzügig
- stolz
- entgegenkommend
- zuverlässig
- außergewöhnlich
- klug
- bescheiden
- direkt
- sensibel
- modisch
- mutig

Das kann ich nicht mehr hören:

....

....

....

Das würde ich machen, wenn mich niemand dabei sehen könnte:

....

....

....

Einen Schatz, den ich niemanden geben würde:

....

....

....

Meine schlechtesten Angewohnheiten:

....

....

....

Wenn ich zaubern könnte, würde ich diese Sachen ersetzen:

....

....

....

Was ich sehr gut kann, aber niemand weiß:

....

....

....

....

Dieses Lied könnte von mir sein:

....

....

....

Diese Musik beschreibt mein Leben:

....

....

....

Wenn ich noch einen Tag zu leben hätte, würde ich…:

....

....

....

....

Damit würde ich gerne Schluss machen:

....

....

....

Aktuell stört mich etwas, was ich unbedingt ändern möchte:

....

....

....

Das bereitet mir Kummer:

....

....

....

Gedankenketten

Was Ähnliches haben wir im Buch schon gehabt. Du kannst hier jedoch speziell über Assoziationen *(Verknüpfungen)* nachdenken und dir Stichwörter notieren. Die Wörter wirken wie ein Stein, der ins Wasser geworfen wird.

Wenn du die Wörter siehst, an welches Ufer wirst du angeschwemmt...

Gewissensbisse	Kummer	Liebe
Scham	Schuld	Vorfreude
Hass	Job	Tod
Sex	Ich	Vergangenheit
Gegenwart	Zukunft	Täter
Opfer	Mutter	Vater
Bruder	Schwester	Opa
Oma	Glauben	Jungs
Mädchen	ablenken	abweisen
aggressiv	akzeptieren	ängstlich
aufgeregt	begeistert	beklemmt
beunruhigt	bewundern	depressiv
ehrfürchtig	entspannt	eifersüchtig
erleichtert	erschrecken	erstaunt
euphorisch	froh	frustriert
gelangweilt	gelassen	glücklich
heiter	hochmütig	interessant
müde	nachdenklich	optimistisch
ruhig	schläfrig	schuldig
traurig	überheblich	überrascht
unglücklich	unterwerfen	verabscheuen
verachten	verärgert	vertrauen
wach	wütend	zornig
zufrieden	verzeihen	schwach
lügen	gewalttätig	Leben

Diese <u>fünf</u> Sachen genieße ich, zu hassen:

1 ....

2 ....

3 ....

4 ....

5 ....

Gute Taten, von denen keiner weiß:

....

....

....

Ein Mensch, auf den ich zählen kann:

Mein Leben ist…

schlecht … *fantastisch*

1 2 3 4 5 6 7 8 9 10

Was könnte mein Leben fantastisch machen:

....

....

Personenbezogen

Gemeinsam stehen die unteren Begriffe nochmal in einem weiteren Zusammenhang.

Beruf: ....

Geburtsort: ....

Geschwister: ....

Wohnadresse: ....

Gesellschaftsschicht: ....

Sternbild: ....

Partei: ....

Krankheiten: ....

Tiere: ....

Gemeinnützige Arbeit: ....

Zeitschriften: ....

Mittagessen: ....

Abendessen: ....

Salat: ....

TV-Serien: ....

Dessert: ....

Disco: ....

Café: ....

Motel: ....

Hotel: ....

Klamotten: ....

Smartphone: ....

Stiefel: ....

Schuhe: ....

Traum: ....

Laptop: ....

Newsletter: ....

Blogs: ....

Marken: ....

Lieblingsgeschäfte: ....

Frustessen: ....

Hobbys: ....

Games: ....

Gruppentreffen: ....

Internetseiten: ....

Familie

Für mich bedeutet Familie…

Dieser Tipp prägt mein Leben bis heute:

Ich habe mein Leben in meinen Händen…

nein									100%ig
1	2	3	4	5	6	7	8	9	10

Was müsste für die 100 % passieren?

Ich habe es vorher schon gesagt, aber nochmal!

Mein Traumberuf:

Meine Lieblingsmahlzeit:

Mein wertvollster Besitz:

So sieht ein ideales Wochenende aus:

Das könnte ich jedes Mal geschenkt bekommen:

Das kann ich gut, will hier aber perfekt werden:

Das kann ich überhaupt nicht gut:

....

....

....

Diesen Kinofilm kann ich mir 1.000-mal anschauen:

....

....

Meine Champions…

Lied: ....

Musikveranstaltung: ....

Ort: ....

Film: ....

Literatur: ....

Musikgruppe: ....

Schauspieler/in: ....

Länder: ....

Erzieher: ....

Lehrer/in ....

Spruch: ....

TV-Serie: ....

Meine Juwelen

Hier kommt alles rein, was man nicht kaufen kann…

Einmalige Erlebnisse

Verbote und Gebote, wer bestimmt das? Sie sind wichtig und gut, aber manche hindern uns am Wachsen. Die Welt um uns lädt uns geradezu ein, sie zu entdecken. Wenn du keine Grenzen oder Regeln hinterfragst, wirst du deine eigenen nie bestimmen können.

Das alles habe ich schon gemacht…

○ unbekleidet gebadet ○ mit der Polizei gefahren ○ gekifft ○ alkoholisiert ○ mit Fäusten gekämpft ○ einen toten Menschen gesehen ○ zwei Nächte nacheinander gefeiert ○ aus der Arbeit geflogen ○ schwarzgefahren ○ operiert worden ○ tätowiert ○ heimlich von zu Hause abgehauen ○ Konzert gewesen ○ bei der Prüfung gespickt ○ die Schule geschwänzt ○ ein Attest gefälscht ○ geklaut ○ im Urlaub verliebt ○ ein Nasenring stechen lassen ○ die Haare ganz kurz geschnitten ○ einen Fremden umarmt ○ ein Herz gebrochen ○ ein Insekt gegessen ○ Schnecken gegessen ○ in der Öffentlichkeit laut geschrien ○ Hausverbot erhalten ○ demonstriert ○ zu schnell gefahren ○ alkoholisiert in ein Auto gebrochen ○ im Kasino gewesen ○ eine Fernbeziehung geführt ○ gesündigt ○ als andere Person verkleidet ○ jemanden hereingelegt ○ ein Lebewesen getötet

An mich im Jetzt!

Dieser Brief ist an dich in der Gegenwart, an die Person, die jetzt gerade lebt und aus der Vergangenheit entkommen ist. Es kann gut sein, dass dir mittlerweile einiges klarer geworden ist.

Du kannst dein gegenwärtiges Ich zum Beispiel fragen, ob die Antworten von vorher wirklich vollständig waren?

Hallo mein gegenwärtiges Ich,

……

Zukunft & Hoffnung

Werden oder kommen…

Die planbare Zukunft kann aus deiner aktiven Handlung **werden**. Was jedoch am Ende **kommt**, ist nicht planbar und liegt glücklicherweise nicht in unserer Macht.

Behalte deinen Fokus und kümmere dich lieber um das, was du ändern kannst und im Bereich des Möglichen liegt. Andernfalls verlierst du nur Zeit und übersiehst Potenziale!

Die offene und kommende Zukunft ist der Grund, warum die Hoffnung unsterblich ist.

So stelle ich mir meine Zukunft vor:

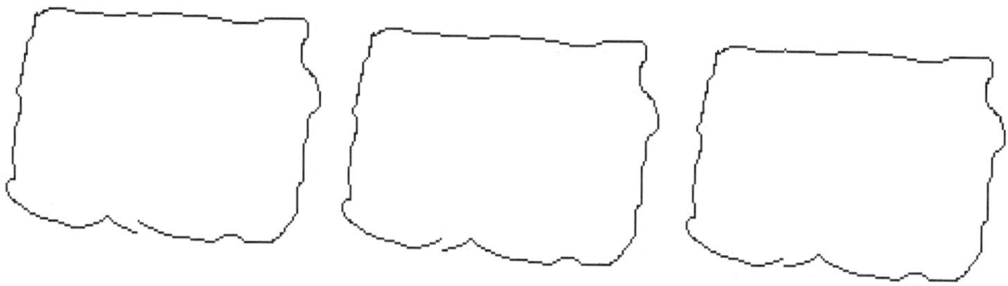

Und darauf freue ich mich unheimlich:

Auch hier gibt es etwas, wovor ich mich fürchte:

Mein ideales Heim:

Dieses Risiko gehe ich ein, wenn der Erfolg sehr wahrscheinlich ist:

....

....

....

Dafür gebe ich mein Leben:

....

....

....

Auf welcher Seite stehst du?

hier	**oder**	**dort**
Der Weg	**oder**	das Ziel
Elvis Presley	**oder**	Michael Jackson
Laptop	**oder**	Tablet
reich	**oder**	glücklich
Opel	**oder**	Mercedes
süß	**oder**	sauer
Gott	**oder**	Nichts
Orangensaft	**oder**	Traubensaft
Madrid	**oder**	London
Puma	**oder**	Adidas
Kaffee	**oder**	Tee
Mann	**oder**	Frau
Film	**oder**	Theater
Herbst	**oder**	Frühling

oben	**oder**	unten
Realität	**oder**	Illusion
Wahrheit	**oder**	Lüge
Seele	**oder**	Körper
Du	**oder**	Sie
Höhere Macht	**oder**	Atheismus
Kontrolle	**oder**	Bestimmung
Dorf	**oder**	Stadt
Diesseits	**oder**	Jenseits
Vergangenheit	**oder**	Zukunft
zeichnen	**oder**	schreiben
schön	**oder**	berühmt
Kindheit	**oder**	Erwachsen
Ruhe	**oder**	beschäftigt
Dating	**oder**	Auszeit
Smartphone	**oder**	Spaziergang

viel Zeit	**oder**	viel Geld
Fish Mac	**oder**	Burger
Movie	**oder**	Buch
Beyoncé	**oder**	Lady Gaga
Unabhängigkeit	**oder**	Schutz
Wüste	**oder**	Meer
Struktur	**oder**	Erfindergeist
Ring	**oder**	Tätowierung
Krimi	**oder**	Liebesfilm
Ehrlichkeit	**oder**	Geld
Dessert	**oder**	Hauptgang
WhatsApp	**oder**	Facebook
Sarg	**oder**	Urne
Teilhaben	**oder**	gewinnen
innen	**oder**	außen
Gefühle	**oder**	Kopf

Einmal im Leben will ich das gemacht haben:

....

....

....

Das sollte jeder Mensch bekämpfen:

....

....

....

Dafür sollten alle Menschen zusammenstehen:

....

....

....

Diesen Tag würde ich gerne zum weltweiten Feiertag machen:

....

....

....

Mein <u>größtes</u> Ziel, woran ich gerade arbeite…

Meine <u>nächste</u> größere Aufgabe, welche sicher noch dran kommt…

Vier Sachen, die ich vor mir herschiebe, die aber gemacht werden müssen:

1 ....

2 ....

3 ....

4 ....

Das werde ich anders machen, als meine Eltern bei mir gemacht haben:

....

....

....

Ein Problem in der Welt, für die eine Lösung gefunden werden muss:

....

....

....

Für mich heißt Zukunft:

....

....

....

....

Wenn die Zukunft mir gehören würde, dann würde ich…:

....

....

....

....

Will ich noch erleben!

Diese Orte möchte ich in diesem Leben noch besuchen.

Die unteren Bücher will ich in diesem Leben noch lesen.

1 ....

2 ....

3 ....

4 ....

5 ....

6 ....

7 ....

8 ....

9 ....

10 ....

Lieblingsszenen aus meinen Filmen:

Lieblingstexte aus meinen Liedern:

In fünf Jahren werde ich damit Geld verdienen:

....

....

....

....

Hier möchte ich gerne meine Pension verbringen:

....

....

....

....

Hier möchte ich gerne mal mit dem Fahrrad hinfahren:

....

....

Mit dem Zug fahren durch ganz…:

....

....

Mit dem Auto fahren durch ganz…:

....

....

Regelmäßige Gedanken

Je älter ich werde, desto mehr fürchte ich mich vor diesen Sachen:

....

....

....

Mit diesem Menschen würde ich die letzten Momente meines Lebens verbringen:

....

....

....

Hier möchte ich begraben werden:

....

....

Diese Musik soll zu meiner Beerdigung gespielt werden:

....

....

In meinem Testament würde ich folgende Menschen bevorzugen:

....

....

Nochmal, meine Lieblingssongs…

1 ....

2 ....

3 ....

4 ....

5 ....

6 ....

7 ....

8 ....

9 ....

10 ....

Ich meine es ernst!

Markiere das, wovon du überzeugt bist, zu versprechen. Du kannst auch weitere Punkte ergänzen. Sei kreativ, aber sei ehrlich zu dir selbst!

◯ ehrlich sein ◯ bescheiden bleiben ◯ gemäßigt sein ◯ im Moment leben ◯ planlos sein ◯ schuldenfrei bleiben ◯ authentisch ◯ reisen ◯ mit wenig zufrieden sein ◯ vorbildlich ◯ einzigartig ◯ ich selbst ◯ auf Fehler freuen ◯ neugierig ◯ gesund essen ◯ schlicht bleiben ◯ umsichtig werden ◯ bewegen ◯ erwartungslos ◯ selbstlos ◯ sozial ◯ dankbar ◯ bewusst ◯ relaxed ◯ eigensinnig ◯ Realität akzeptieren ◯ spontan ◯ kindisch ◯ mutig ◯ offen für Neues ◯ Leben genießen ◯ nein sagen ◯ Prioritäten setzen ◯ Selbstbelohnung ◯ keine Angst vor Liebe ◯ sorgenfreier ◯ geben ◯ helfen ◯ vergeben ◯ Selbstliebe ◯ erholen ◯ Fehler akzeptieren ◯ achten und respektieren ◯ genau beobachten ◯ lieben ◯ nicht hassen ◯ Emotionen zulassen ◯ wahrhaftig sein ◯ Veränderungen akzeptieren ◯ mehr durchsetzen ◯ Selbstverantwortung ◯ annehmen ◯ demütig sein ◯ gesund leben ◯ tiefer einatmen ◯ mehr Urlaub machen ◯ Dankbarkeit

To-Do-Liste

In einem Jahr werde ich…:

……………………………………………………………………………………

……………………………………………………………………………………

In einigen Monaten werde ich…:

……………………………………………………………………………………

……………………………………………………………………………………

In einem Monat werde ich…:

……………………………………………………………………………………

……………………………………………………………………………………

In einer Woche werde ich…:

……………………………………………………………………………………

……………………………………………………………………………………

Morgen werde ich…:

……………………………………………………………………………………

……………………………………………………………………………………

In zehn Jahren werde ich…:

……………………………………………………………………………………

……………………………………………………………………………………

Regeln aus meinem Leben, die ich für mich und meine Zukunft festgelegt habe:

1 ....

2 ....

3 ....

4 ....

5 ....

Bucket-List

Bevor du es vergisst, eigentlich gibt es noch mehr zu erleben als deine To-Do-Liste.

Alle Probleme relativieren sich, wenn du weißt, dass das Leben ein Ende hat. Vielleicht willst du noch einmal mit dem Zug durch das ganze Land fahren oder vielleicht fliegen?

Weißt du was, such dir doch einfach etwas aus...

○ eine neue Sprache lernen ○ in einem Schloss übernachten ○ alle Filmklassiker gucken ○ Seilbahn fahren ○ Freiwilligenarbeit leisten ○ Tauchen gehen ○ an einem Flashmob teilnehmen ○ einen Marathon laufen ○ ein Jahr lang im Ausland leben ○ mit Delphinen schwimmen ○ eine Liebeserklärung machen ○ einen Kochkurs machen ○ ein Land in jedem Kontinent besuchen ○ einen Hund aus dem Tierheim adoptieren ○ Bungee-Jumping ○ zum Karneval nach Rio de Janeiro fliegen ○ eine Heißluftballonfahrt machen ○ eine verrückte Haarfarbe ausprobieren ○ auf Safari in Südafrika gehen ○ Nordlichter sehen ○ einen Standard-Tanzkurs besuchen ○ Surfen lernen ○ einen Tauchschein machen ○ eine Kampfsportart lernen ○ an einem Triathlon teilnehmen ○ 10 km laufen ○ Houserunning ○ einen Fallschirmsprung machen ○ einen Bungeesprung machen ○ von einer Klippe springen

○ ein Flugzeug fliegen ○ eine große Spinne auf die Hand nehmen ○ ein Schaf scheren ○ mit einem Hundeschlitten fahren ○ Programmieren lernen ○ ein Instrument spielen lernen ○ Meditation lernen und praktizieren ○ ohne Zelt im Freien schlafen ○ Geocaching ○ ein Bild fürs eigene zu Hause malen ○ in einem Theaterstück mitspielen ○ ein Buch veröffentlichen ○ ein Kleidungsstück selber nähen oder stricken ○ eine Website designen ○ eine Kerze selber machen ○ einen Handwerkerkurs besuchen ○ Seife selber herstellen ○ einen Song schreiben ○ eine Patenschaft für ein Kind übernehmen ○ einem Obdachlosen helfen ○ für eine gute Sache protestieren ○ ein Tier aus dem Tierheim adoptieren ○ die eigene Handschrift analysieren lassen ○ Hypnotisiert werden ○ eine Woche ohne Social Media leben ○ eine Flaschenpost verschicken ○ in einer Karaokebar singen ○ einen aktiven Vulkan besuchen ○ Akupunktur ○ ein Wellness-Wochenende machen ○ zur Maniküre gehen ○ zur Pediküre gehen ○ Make-up selber machen ○ das Haar bis zur Hüfte wachsen lassen ○ ein Parfüm selber herstellen ○ im Restaurant füreinander bestellen ○ das erste Date nochmal erleben ○ Heiraten ○ Mama oder Papa werden ○ ein Business starten ○ einen Familienstammbaum erstellen ○ eine alte Freundschaft wieder aufleben lassen

Last but not least

Diese elf Sachen möchte ich noch machen, bevor ich von dieser Welt gehe. Es kann sein, dass es noch nicht in der Bucket-List steht oder dir später noch etwas einfällt.

Was wolltest du schon immer erleben, träume groß …

1 ....

2 ....

3 ....

4 ....

5 ....

6 ....

7 ....

8 ....

9 ....

10 ....

11 ....

Davon will ich immer weniger bis nichts mehr machen:

Davon will ich immer mehr machen:

Fragen mit vielen Antworten

Diese Fragen zu beantworten, versuchen Philosophen seit tausenden von Jahren. Was viele nicht verstanden haben, jeder hat seine eigenen Antworten, denn jeder lebt in seiner eigenen Realität! Was meinst du, trau dich!

Was bedeutet für dich…

Seele: ....

Leben: ....

Gewissen: ....

Sieg: ....

Realität: ....

Sterben: ....

Tod: ....

Kinder: ....

Illusion: ....

Vollkommenheit: ....

Liebe: ....

Arbeit: ....

Erfolg: ....

Verlust: ....

Fehler: ....

Gut: ....

Böse: ....

Religion: ....

Mein Testament!

Du hättest nur noch eine kurze Lebenszeit. Was wären die wichtigsten und letzten Worte, die du zusammengefasst deinen Liebsten auf den Weg in die Zukunft mitgeben würdest:

Mein Leben ist…

Noch nicht jetzt!

Dieser Ort ist für weitere Geheimnisse reserviert. Alles, was du gerne **jemanden** sagen würdest, aber jetzt **noch nicht** kannst, zum Beispiel an deinen Partner oder sehr gute Freundin / Freund. Das alles kannst du hier loswerden!

Mein Leben und die Liebe…

Wir werden…:

…………………………………………………………………………………………

…………………………………………………………………………………………

Einzigartige Momente:

…………………………………………………………………………………………

…………………………………………………………………………………………

Unser Film:

…………………………………………………………………………………………

…………………………………………………………………………………………

Unser Lieblingsort:

…………………………………………………………………………………………

…………………………………………………………………………………………

Das liebe ich an dir:

1 …………………………………………………………………………………

2 …………………………………………………………………………………

3 …………………………………………………………………………………

4 …………………………………………………………………………………

Das motiviert mich:

....

....

Das demotiviert mich:

....

....

Das könntest du ändern:

....

....

Ich muss dir was sagen:

....

....

Diese Eigenschaften von dir nerven mich:

1 ....

2 ....

3 ....

4 ....

Das war ein super Date:

....

....

....

So haben wir uns kennengelernt:

....

....

....

Wenn du nur eine Sache ändern könntest, dann…:

....

....

....

Brief aus der Zukunft!

Dieser Brief kommt von dir aus der Zukunft, von der Person, die schon in der Zukunft ihren Platz eingenommen hat. Sie möchte dir etwas mitteilen! Freu dich, nur wenige bekommen solche Briefe.

Der Brief ist eine geniale Möglichkeit, deine Ziele lebendig zu machen. Vielleicht willst du im medizinischen Bereich tätig werden, es könnte auch etwas anderes sein?

Der Anfang könnte dann so aussehen:

Hallo mein Ich,

ich schreibe dir aus dem Ort, wo du hinmöchtest.

Du weißt ja, was ich immer geträumt habe.

Jetzt ist es endlich so weit, ich bin jetzt…

....

....

....

....

....

....

Inniger Abschied!

Eigenes Leben, eigene Entscheidung...

Deine Selbstreflexion hat dich hoffentlich auf das Wesentliche hingewiesen. Für ein neues Leben ist es nie zu spät. Nur du kannst erfahren, wer du bist, du musst nur fragen! Wenn du deinen Platz kennst, werden die Sinnfragen des Lebens erst richtig spannend. Es geht immer um das Gleiche. Du darfst beobachten, lernen, aber lass andere Menschen nicht zu deinem Gold-Maßstab werden.

Sie unterwerfen sich doch den gleichen Lebensgesetzen wie du?!

Deine Gedanken und Bilder gehören ausschließlich dir und entstehen auch nur in dir. Am Ende produzieren wir Bilder am laufenden Band, wie in einem Kino. Ein klares Bild von der Realität bekommen wir nur, wenn wir **bei uns bleiben**. Alles andere stiftet nur Chaos, denn draußen wirst du nie bekommen, was du zu Hause **schon hast!** Höre zuerst nur auf deine Stimme und ergänze dann von anderen.

Die letzten Tage werden irgendwann kommen...

Zeit, was ist Zeit. Wir wissen nur, dass sie vergeht. Du bist kein Zufall und deine Gedanken oder Taten genauso wenig. Gib deinem Leben seine echte Bedeutung wieder und erkenne, dass du immer wertvoll bist, **IMMER**! Ob du dich so fühlst oder nicht ist zweitrangig.

Verlasse diese Welt nicht, ohne dich zu kennen. Hinterlasse Spuren, auf die du zurückblicken kannst. Unser Leben ist zeitlich begrenzt, aber Taten leben ewig. Verschwende keine Zeit, aber hetze dich nicht. Gib deinem Leben einen Sinn. Nach dir selbst solltest du die Menschen um dich herum schätzen. Beschäftige dich mit Dingen, in die du dich verlieben kannst. Hingabe, Leidenschaft und Geduld sind dann die Folgen und nur so wirst du deinen Erfolg genießen.

Du kannst ein fremdbestimmtes Leben führen oder dein Leben in die eigene Hand nehmen und deine unverwechselbare Geschichte schreiben. Deine Welt ist wundervoll und es ist noch alles möglich. Richte deine Augen ab und zu in den Himmel, es gibt keine Grenzen, außer in unserem Kopf!

Unser Dasein ist nur ein Funke in dieser schönen Welt, welche mit rasender Geschwindigkeit durch ein endloses und dunkles Universum eilt. Das Schöne ist, du selbst musst dich nicht beeilen, **du fliegst ja mit!**

Lass dich nicht von außen entmutigen und in ein Leben schubsen, das dir weder gefällt noch gehört.

In Liebe Sophia !

Persönlich:

Ich stehe jederzeit offen für Fragen und freue mich riesig über dein Feedback, auch auf ***Amazon****!*

https://amzn.to/31JpY14

Du kannst das Buch auch auf **www.tiktok.com** *posten, das würde mir sehr viel bedeuten!*

Es ist so weit, du hast es in der Hand!

VERSTAUE ODER VERGRABE ES FÜR EINE LANGE ZEIT, WENN DU IRGENDWANN ZURÜCKSCHAUEN MÖCHTEST!

ODER

VERBRENNE UND VERWANDLE ES IN ASCHE, WENN SCHMERZEN DEIN LEBEN BESTIMMEN!

Bonus

Meditation-Audio (Download)

Achtsamkeit

Ordner: http://bit.ly/38Vxqsr
ZIP-Datei: https://bit.ly/2SbMw71

Aufmerksamkeit

Ordner: https://bit.ly/2PBlnZE
ZIP-Datei: https://bit.ly/2MqygUv

Empathie

Ordner: https://bit.ly/2Z68Nor
ZIP-Datei: https://bit.ly/2tz4GFD

Liebe

Ordner: https://bit.ly/34z82VP
ZIP-Datei: https://bit.ly/2Z4spJm

App (gratis)

Deutsch

Questions Diary
App-Store: http://apple.co/3vjlImE
Google-Play: http://bit.ly/3vi9QRM

Bitte zögere nicht, mir eine E-Mail zu schicken, sobald etwas nicht funktionieren sollte. Ich möchte gern sofort darauf reagieren können!

sophiaen@gmx.de

Könnte interessant sein?!

In diesem Buch beschreibe ich innere Erlebniswelten, wie man sie in 7 **Schritten** wiederbelebt und gezielt verarbeitet. Wenn du lernen möchtest, wie du mit deinen **Antworten** in den Dialog mit deinem inneren Kind treten kannst, bietet dieses Buch eine faszinierende Möglichkeit.

https://amzn.to/3umcTaS

https://amzn.to/3sfAKYc

Bilder

Pfeil-Vektor
Pfeil Kreis Vektor Vektoren von Vecteezy

Gordon Johnson - Billede af
https://pixabay.com/da/vectors/abstrakt-kvinde-blade-hoved-6091081/

https://pixabay.com/da/vectors/hingst-hest-dyr-tur-transport-1331884/

https://pixabay.com/da/vectors/blomstre-blomstermotiver-blomster-1332132/

https://pixabay.com/da/vectors/vintage-elegant-blomstre-2069826/

https://pixabay.com/da/vectors/abstrakt-dyr-kunst-fugl-farverige-1301752/

https://pixabay.com/da/vectors/dyr-fugl-klip-flyvende-kolibri-1751300/

von BiZkettE1 - de.freepik.com
https://de.freepik.com/vektoren/hintergrund

von Anaisia29 - (Ana Maria Ciobanu)- www.depositphotos.com
https://de.depositphotos.com/317060578/stock-photo-ancient-doors-close-historical-streets.html

Feuer - Bild von Thomas Wolter
https://pixabay.com/de/photos/feuer-gl%C3%BChend-w%C3%A4rme-flammen-330075

Haftungsausschluss

Urheberrecht

Impressum:

1. Auflage

ISBN-13: 9798715283832

Vertreten durch: Salah Benhachmi/Inselweg 4/8630 Rüti ZH

Printed in Poland
by Amazon Fulfillment
Poland Sp. z o.o., Wrocław

74123995R00085